BEI GRIN MACHT SICH IHR WISSEN BEZAHLT

- Wir veröffentlichen Ihre Hausarbeit,
  Bachelor- und Masterarbeit

- Ihr eigenes eBook und Buch -
  weltweit in allen wichtigen Shops

- Verdienen Sie an jedem Verkauf

Jetzt bei www.GRIN.com hochladen
und kostenlos publizieren

Beobachtung und Beurteilung im Assessment Center, das Kovariationsmodell von Kelley und Sensation Seeking

Miriam Bünermann

Bibliografische Information der Deutschen Nationalbibliothek:

Die Deutsche Nationalbibliothek verzeichnet diese Publikation in der Deutschen Nationalbibliografie; detaillierte bibliografische Daten sind im Internet über http://dnb.d-nb.de abrufbar.

ISBN: 9783346754653
Dieses Buch ist auch als E-Book erhältlich.

Einsendeaufgabe

Alternative A

Eingereicht über das Online-Portal am 18. Dezember 2020
SRH FernHochschule Riedlingen

Studiengang: M.Sc. Wirtschaftspsychologie, Leadership
und Management
Modul: Persönlichkeits- und Sozialpsychologie, MPSPSY

von
Miriam Bünermann

Inhaltsverzeichnis

Abkürzungsverzeichnis

AC	Assessment Center
bspw.	beispielsweise
bzw.	beziehungsweise
ca.	circa
d.h.	das heißt
et al.	et alii / et aliae [lat.: und andere]
etc.	et cetera
Hrsg.	Herausgeber
HSS	High Sensation Seeker
LSS	Low Sensation Seeker
NISS	Need Inventory of Sensation Seeking
S.	Seite
sog.	sogenannte(n)
u.a.	unter anderem
vgl.	vergleiche
z.B.	zum Beispiel

Aufgabe 1

Der Umstand, wie Menschen sich einen Eindruck von anderen Personen bilden und daraus Schlussfolgerungen ableiten, fällt unter den Begriff „soziale Wahrnehmung".[1] Die Beobachtung von Menschen hilft dabei, deren Eigenschaften zu erschließen und zu verstehen.[2] Die soziale Wahrnehmung beschäftigt sich damit, wie und auf welcher Art und Weise sowie Grundlage andere Personen von Individuen wahrgenommen werden und sich somit ein Urteil über eben diese bilden.[3] Der folgende Abschnitt beschäftigt sich mit einem Sachverhalt dieses Themenkomplexes: Der Beobachtung und Beurteilung im Rahmen von Assessment Centern (AC).

Anhand des Kovariationsmodell von Kelley wird erläutert, dass Beobachter[4] sich im Rahmen von ACs Vermutungen darüber anstellen, warum sich Bewerber in Situationen so verhalten, wie sie es tun. Darauf aufbauend werden im Anschluss drei Informationsarten benannt, welche die Beobachter zur Ursachenzuschreibung auf die Person, die Situation oder die besonderen Umstände nutzen.

Um eigenes und fremdes Handeln erklären zu können, wird die kausale Attribution genutzt. **Attributionstheorien** versuchen zu erklären, wie Laien das eigene Verhalten und das anderer Menschen zu beurteilen versuchen.[5] Sie können bei der Beantwortung der Frage „Warum verhält sich eine Person auf eine gewissen Art und Weise?" helfen. Somit liefern sie eine Beschreibung darüber, wie sich Gründe für das eigene Verhalten und das anderer Personen erklären lassen.[6] So versucht der Mensch bspw. zu entscheiden, ob ein Verhalten internal, also bedingt durch den Charakter, oder external, durch die Situation, bedingt wird.[7]

---

[1] Vgl von der Assen, C. (2016), S. 91
[2] Vgl. Kessler, T. & Fritsche, I. (2018), S. 74
[3] Vgl. Werth, L. et al. (2020a), S. 480
[4] Aus Gründen der besseren Lesbarkeit wird im Folgenden auf die gleichzeitige Verwendung weiblicher und männlicher Sprachformen verzichtet und das generische Maskulinum verwendet. Sämtliche Personenbezeichnungen gelten gleichermaßen für beide Geschlechter.
[5] Vgl. von der Assen, C. (2016), S. 91
[6] Vgl. Aronson, E. et al. (2004), S.115
[7] Vgl. Werth, L. et al. (2020b), S. 157

6

Die von Harold Kelley entwickelte Attributionstheorie, das sog. Kovariationsprinzip, erläutert, wie Menschen verschiedene mögliche Ursachen einer beobachteten Handlung gegeneinander abwägen.[8] Laut Kelley findet der Mensch die Ursache einer Wirkung heraus, indem er beobachtet, welche Faktoren konsistent mit der Handlung einhergehen und welche Faktoren nicht.[9] Er unterschiedet in seinem **Kovariationsmodell** mehrere Informationen zur Verhaltenserklärung:[10] So nimmt er an, dass sich das Verhalten einer Person durch dessen Kovariation mit dem Verhalten anderer Personen (Konsensusinformation), dem Verhalten der Person in anderen Situationen bzw. zu anderen Zeitpunkten (Konsistenzinformation) und ihrem Verhalten gegenüber anderen Objekten oder Personen (Distinktheitsinformation) erklären lässt.[11]

Die **Konsensusinformation** erklärt, inwieweit auch andere Personen in ähnlicher Situation das gleiche Verhalten zeigen.[12] Ein niedriger Konsensus liegt dann vor, wenn nur die zu beobachtende Person das Verhalten aufweist. Tritt das gezeigte Verhalten auch bei weiteren Personen auf, ist ein hoher Konsensus gegeben.[13] Die **Konsistenzinformation** gibt Aufschluss darüber, inwiefern das Verhalten auch zu anderen Zeitpunkten und Umständen gezeigt wird. Tritt der Effekt zu verschiedenen Zeitpunkten wiederholend auf, kann von einer hohen zeitlichen Konsistenz gesprochen werden. Ist dies nicht der Fall und der Effekt tritt nur zu einem bestimmten Zeitpunkt auf, liegt eine niedrige Konsistenz vor.[14]

Mit **Distinktheitsinformation** ist das Ausmaß gemeint, indem der Handelnde unter ähnlichen Bedingungen auf unterschiedliche Objekte reagiert. Eine niedrige Distinktheit ist gegeben, wenn der Effekt bei allen Objekten auftritt. Tritt der Effekt nur bei einem spezifischen Objekt auf, liegt eine hohe Distinktheit vor.[15]

Bei der Beobachtung von Verhaltensweisen sammelt der Mensch somit Daten, die sich darauf beziehen, wie Handlungen im Rahmen von diesen verschiedenen

---

[8] Vgl. Aronson, E. et al. (2004), S.117
[9] Vgl. Parkinson, B. (2014), S. 75
[10] Vgl. Fritsche, I. (2018), S. 179
[11] Vgl. Stiensmeier-Pelster, J. & Heckhausen, H. (2018), S. 468-469
[12] Vgl. Bierbauer, G. (2005), S. 108
[13] Vgl. Parkinson, B. (2014), S. 75-76
[14] Vgl. Aronson, E. et al. (2004), S.118
[15] Vgl. Parkinson, B. (2014), S. 75-76

Dimensionen kovariieren. [16] Es lassen sich dabei vier Dimensionen der Attribution unterscheiden: [17]

- **Personattribution,** d.h. der Effekt kovariiert mit der Person: geringe Distinktheit und geringer Konsensus, hohe Konsistenz
- **Kontextattribution,** d.h. der Effekt kovariiert mit der Situation: niedriger Konsensus sowie niedrige Konsistenz, hohe Distinktheit
- **Entitätsattribution,** d.h. der Effekt kovariiert mit dem Objekt: sowohl hohe Distinktheit und Konsistenz als auch hoher Konsensus
- **Interaktion zwischen Person und Entität,** d.h. der Effekt kovariiert mit der agierenden Person in Verbindung mit der Attributionstheorie: hohe Konsistenz und Distinktheit, geringer Konsensus

Menschen haben das Bedürfnis, die Dinge, die um sie herum passieren, zu verstehen und zu analysieren sowie mögliches Verhalten vorherzusagen. [18] Dieses Verhalten ist insbesondere im Rahmen von Personalbeschaffungsmaßnahmen, wie im Rahmen von Vorstellungsgesprächen und Assessment Centern von Bedeutung, relevant. [19] Bei dem Assessment Center handelt es sich um ein simulationsorientiertes, [20] standardisiertes und zu individuellen Zwecken erstelltes Instrument, das der Leistungsmessung dient. [21] Hierbei bewerten geschulte Beobachter mehrere zu beurteilende Personen bezüglich zahlreicher Kriterien. Dazu werden unterschiedliche Erhebungstechniken wie Wissens- oder Persönlichkeitstests, Simulationen oder Gruppen- und Einzelgespräche genutzt. [22] Die Kandidaten durchlaufen diese Verfahren in Gruppen von rund sechs bis zwölf Personen. Die Dauer des Assessment Center kann ein bis mehrere Tage umfassen. [23] Damit solch ein Verfahren erfolgreich sein kann, gilt es neben den Hauptgütekriterien Objektivität, Reliabilität und Validität auch die Akzeptanz, Praktikabilität, Effizienz und der Nutzen der eingesetzten Instrumente zu prüfen. [24]

---

[16] Vgl. Stiensmeier-Pelster, J. & Heckhausen, H. (2018), S. 468-469
[17] Vgl. Parkinson, B. (2014), S. 76
[18] Vgl. Stiensmeier-Pelster, J. & Heckhausen, H. (2018), S. 452
[19] Vgl. Paschen, M. et al. (2013), S. 15-17
[20] Vgl. Hossiep, R. & Weiß, S. (2017), S. 176
[21] Vgl. Kirdorf, J. (2019), S. 36-41
[22] Vgl. Elbe, M. (2016), S. 178
[23] Vgl. Kirdorf, J. (2019), S. 36-41
[24] Vgl. Fellner, K. (2019), S. 14

Die Bewertung der in den Übungen zu beobachtenden Leistungen hinsichtlich der vorher definierten Anforderungen geschieht durch ein Team von Beobachtern.[25] Dabei wird jeder Bewerber von den Beobachtern hinsichtlich definierter Merkmalsdimensionen eingeschätzt. Durch Zusammenführen der Einzelbeobachtungen und -bewertungen ergibt sich schließlich die finale Bewertung eines jeden Bewerbers.[26]

Übertragen auf die Situation eines Assessment Centers bedeutet dies, dass mehrere Beobachter separat Beobachtungen vornehmen. Eine beispielhafte Situation stellt die folgende dar:

> *Teilnehmer A ist es nicht möglich, eine situative Aufgabe anhand eines Rollenspiels zu bearbeiten. Weder das Gespräch noch die die Argumentationsführung weisen einen roten Faden auf und auch die präsentierten Lösungen sind fehlerhaft.*

Zum einen ist es nun sinnvoll, andere Bewerber bei der Lösung der gleichen Aufgabe zu beobachten. Dabei kann festgestellt werden, dass die anderen Teilnehmer die Aufgabe leicht lösen können.

Zum anderen ist relevant, dass das Kriterium auch zu einem anderen Zeitpunkt überprüft wird. Dies kann bspw. darin geschehen, dass zuvor eine Gruppenaufgabe durchgeführt wurde, bei dem Teilnehmer A ebenfalls Probleme aufwies, den Sachverhalt verstehen und einordnen zu können.

Es lässt sich somit erkennen, dass der Effekt weder zeitlich noch über die Situationen hinweg variiert. Teilnehmer A ist der einzige, der diese Aufgabe und ähnliche Aufgaben in verschiedenen Situationen und zu unterschiedlichen Zeitpunkten nicht lösen kann.

Der Effekt variiert somit lediglich bezüglich verschiedener Personen. Somit lässt sich ableiten, dass es Teilnehmer A nicht möglich ist, Rollenspiele adäquat zu lösen.

---

[25] Vgl. Kanning, U. P. (2015), S. 126
[26] Vgl. Kauffeld, S. & Grohmann, A. (2014), S. 112

Hinsichtlich der drei zuvor vorgestellten Informationsarten (Konsensusinformation, Konsistenzinformation und Distinktheitsinformation) wie der jeweiligen Attribution lässt sich das Beispiel wie folgt einordnen.

Personattribution:
- **Niedriger Konsensus**: Außer dem Teilnehmer A findet kein anderer Teilnehmer, dass das Rollenspiel schwer ist.
- **Hohe Konsistenz**: Teilnehmer A findet in unterschiedliche Situationen das Rollenspiel schwer.
- **Niedrige Distinktheit**: Laut Teilnehmer A sind viele Aufgaben schwer.

Kontextattribution:
- **Niedriger Konsensus**: Außer dem Teilnehmer A findet kein anderer Teilnehmer, dass das Rollenspiel schwer ist.
- **Niedrige Konsistenz**: Teilnehmer A findet, dass die Aufgabe nur in diesem Assessment Center schwer ist.
- **Hohe Distinktheit**: Teilnehmer A findet andere Aufgaben nicht schwer.

Entitätsattribution:
- **Hoher Konsensus**: Auch andere Teilnehmer finden das Rollenspiel schwer.
- **Hohe Konsistenz**: Teilnehmer A findet in unterschiedliche Situationen das Rollenspiel schwer.
- **Hohe Distinktheit**: Teilnehmer A findet andere Aufgaben nicht schwer.

Interaktion zwischen Person und Entität:
- **Niedriger Konsensus**: Außer dem Teilnehmer A findet kein anderer Teilnehmer, dass das Rollenspiel schwer ist.
- **Hohe Konsistenz**: Teilnehmer A findet in unterschiedliche Situationen das Rollenspiel schwer.
- **Hohe Distinktheit**: Teilnehmer A findet andere Aufgaben nicht schwer.[27]

---

[27] Vgl. Parkinson, B. (2014), S. 76

Kritisiert wird das Kovariationsmodell von Kelley dafür, dass zwar beschrieben wird, wie sich Menschen das Verhalten anderer erklären sollten, jedoch nicht, wie Menschen im Alltag wirklich vorgehen. Nur in den wenigsten Fällen liegen alle Kovariationsinformationen vor, sodass häufig auf Heuristiken zurückgegriffen wird.[28]

Das folgende Kapitel beschäftigt sich näher mit den verschiedenen Formen von Attributionsfehlern sowie Möglichkeiten zu deren Vermeidung.

---

[28] Vgl. Fritsche, I. (2018), S. 180

Aufgabe 2

Wie bereits beschrieben, ist es nicht immer möglich eine ausführliche Kausalanalyse durchzuführen. Oft zieht der Mensch eher spontan und automatisch Rückschlüsse auf die Persönlichkeit anderer. Aber auch Vorwissen und Erwartungen sowie erlernte Attributionsstile prägen die Schlussfolgerungen. Hinzu kommt, dass wir unter bestimmten Umständen manchen Ursachen mehr Gewicht geben als anderen. Dieser Prozess wird **Attributionsverzerrung** genannt.[29]

Der **fundamentale Attributionsfehler** stellt die Tendenz des Menschen dar, die Macht situativer Einflüsse zu unter- und dispositionale Faktoren zu überschätzen. Dies führt dazu, dass wir Verhalten zunehmend an den Persönlichkeitseigenschaften der Personen erklären.[30]

Diesem Fehler liegen unterschiedliche Ursachen zugrunde:
Zum einen ist es Beobachtern oft nicht möglich, sich in die Situation der handelnden Person zu versetzen. So sind situative, in den Köpfen der Beteiligten verankerte Zwänge nicht erkennbar. Dies kann z.B. der Druck sein, der „unsichtbar" durch eine Gruppe erzeugt werden kann.
Zum anderen können unrealistische Verhaltenserwartungen vorliegen. Verhalten, die von gewohnten Mustern abweichen, führen dann dazu, dass wir ungerechtfertigte Schlussfolgerungen über die beobachtete Person ziehen.[31]
Der fundamentale Attributionsfehler ist besonders in den individualistischen westlichen Staaten ausgeprägt.[32]

Eine weitere Art der Urteilsverzerrung tritt bei dem **Stereotypen-Effekt** auf. Dieser besagt, dass der Mensch typische Verhaltensmerkmale einer bestimmten Personengruppe zuordnet.[33]

---

[29] Vgl. Parkinson, B. (2014), S. 90-92
[30] Vgl. Myers, D. G. (2014), S. 597
[31] Vgl. Bierbrauer, G. (2005), S. 119-120
[32] Vgl. Myers, D. G. (2014), S. 597
[33] Vgl. Stracke, F. (2015), S. 16-17

Bei der **perzeptuellen Salienz** steht eine scheinbar sehr wichtige Information im Mittelpunkt der Aufmerksamkeit, dessen kausale Rolle häufig überschätzt wird.[34] So wird bspw. den Redeanteilen von Personen mit auffälligen äußeren Merkmalen (wie u.a. Kleidung, Hautfarbe, Sitzposition etc.) im negativen sowie im positiven Sinne mehr Gewicht zugesprochen.[35] Die Salienz kann aber auch auf die eigene Person bezogen sein, wie es beim **Spotlighteffekt** der Fall ist. In diesem Fall überschätzen wir eigene Beobachtungen und den Einfluss unseres Handelns.[36]

Des Weiteren beeinflussen **Repräsentationsheuristik** unsere Beurteilungen. Dabei ordnen wir Personen, die sich auf eine bestimmte Art und Weise verhalten oder kleiden bestimmten Berufsgruppen zu. Bestimmte Faktoren bzw. Eigenschaften bedingen sich in diesem Fall gegenseitig.[37]
Aber auch andere äußerliche Faktoren haben einen Einfluss auf unsere Beurteilung. So werden bspw. Menschen mit einem sog. „Babyface" (großen Kulleraugen, kurze Nasen etc.) als weniger dominant, aber auch naiver und wärmer gewertet als Menschen mit reif erscheinenden Gesichtszügen.[38]
Zudem hat die Attraktivität eines Menschen einen Einfluss auf die Bewertung der jeweiligen Person. Bei dem **Attraktivitäts-Halo-Effekt** wird die physische Attraktivität mit sozialer Kompetenz, Intelligenz und Gesundheit assoziiert. Gut aussehende Personen werden insgesamt positiver wahrgenommen als weniger attraktive Menschen.[39]

Eine weitere Ursache für Beobachtungsfehler bildet der **Ähnlichkeits-Anziehungs-Effekt**. Hiermit ist gemeint, dass wir einer Person desto mehr Sympathie zuschreiben, je ähnlicher sie uns ist. Die Ähnlichkeit zu anderen Menschen wirkt dabei auf den Beobachter verstärkend, belohnen und bestätigend, da er seine eigenen Werte und Meinungen als bestätigt sieht.[40] Dies kann zur Folge haben,

---

[34] Vgl. Aronson, E. et al.(2004), S.121-122
[35] Vgl. Orth, H & Koch, A. (2017), S. 81
[36] Vgl. Aronson, E. et al.(2004), S.125
[37] Vgl. Bierbrauer, G. (2005), S. 127-139
[38] Vgl. Parkinson, B. (2014), S. 70
[39] Vgl. Bak, P. M. (2014), S. 104
[40] Vgl. Parkinson, B. (2014), S. 419

dass Beurteilter einen Kandidaten, der ähnlich erscheint, besser beurteilen als einen, der weniger Ähnlichkeiten aufweist.[41]

Auch der **Primacy- und Recency-Effekt**, kann bei der Beobachtung in einem Assessment Center eine Rolle spielen. Demnach können wir die Informationen am besten behalten, die wir zuerst oder zuletzt erhalten haben.[42] Somit kann es sein, dass in einem Assessment Center, in dem bspw. mehrere Teilnehmer hintereinander Argumente präsentieren müssen, die am besten erinnert werden, die zu Beginn oder zum Ende hin vorgetragen haben.

Des Weiteren kann die **selbsterfüllende Prophezeiung** dazu führen, dass der Beobachter versucht, seine Erwartungen zu bestätigen und somit seine Aufmerksamkeit auf diese Aspekte legt. Geht der Beobachter bspw. davon aus, dass Teilnehmer A das Rollenspiel nicht gut meistern wird, nimmt dieser eher die Informationen wahr, die seine Einschätzung stützen und ignoriert solche, die sie widerlegen. [43]

Fehlerhafte Beurteilungen können fatale Auswirkungen auf das Unternehmen haben, denn mögliche daraus resultierende Fehleinstellungen bringen hohe Kosten mit sich und schaden somit dem Unternehmen.[44]
Um ein valides und aussagekräftiges Auswahlinstrument zu entwickeln, gilt es daher entscheidende Maßnahmen zu treffen, um Beurteilungsfehler zu minimieren oder gar zu verhindern.[45]

Zunächst ist es wichtig, dass die Assessment Center-Situation sowie die Bewerbungsunterlagen selbst gut ausgestaltet sind. Beides sollte sowohl Beobachter als auch Teilnehmer unterstützen. So sollten die Beurteilungskriterien ausrei-

---

[41] Vgl. Werth, L. & Mayer, J. (2008), S. 127
[42] Vgl. Schnell, R. (2019), S. 73
[43] Vgl. Garcia, T. et al. (2019), S. 136
[44] Vgl. Bohlen, F. N. (2015), S. 71
[45] Vgl. Schlotter, L. & Hubert, P. (2020), S. 22

chend spezifisch und konkret definiert festgehalten werden sowie keinen Interpretationsspielraum zulassen.[46] Es gilt, sich immer wieder bewusst auf die Anforderungsdimensionen zu fokussieren, die mit der jeweiligen Aufgabe im AC erfasst werden sollen.[47]

Neben des Assessment Centers selbst sollten auch die Beobachter gut auf die Situation vorbereitet werden.[48] Dies geschieht zum einen durch die Kenntnisvermittlung über systematische Beurteilungsfehler. Durch das Wissen und die Sensibilisierung kann das Auftreten solcher Fehler verhindert werden.[49] Des Weiteren sollten die Beobachtung über mehrere Aufgaben und mehrere Situationen hinweg erfolgen.[50] Durch die Leistungseinschätzung mehrerer Beobachter können die Ergebnisse vergleichbar gemacht und Wahrnehmungsverzerrungen vermieden werden.[51]

Um die verschiedenen Attributionsverzerrungen vermeiden zu können, gilt es zudem im Rahmen der Konzeption und Bewertung verschiedene Gütekriterien zu erfüllen.[52] Es lassen sich Hauptgütekriterien **Objektivität**, **Reliabilität** und **Validität**[53] sowie einige Nebengütekriterien untorocheiden.[54]

Das Gütekriterium der **Objektivität** befasst sich mit der personellen Unabhängigkeit der AC-Aussagen. Es gibt somit an, inwieweit die Ergebnisse eines Teilnehmers unabhängig vom jeweiligen Untersucher sind. Verschiedene Beobachter sollten im Optimalfall also zu den gleichen Ergebnissen kommen.[55] Es lassen sich u.a. die Durchführungsobjektivität und die Auswertungsobjektivität unterscheiden.[56]

---

[46] Vgl. Eck, C. D. et al. (2016), S. 35 & S. 56-57
[47] Vgl. Kause, D. E. (2017), S. 208
[48] Vgl. Obermann, C. (2018), S. 222
[49] Vgl. Kause, D. E. (2017), S. 207
[50] Vgl. Obermann, C. (2018), S. 222
[51] Vgl. Franczukowska, A. (2017)
[52] Vgl. Blickle, G. (2019), S. 280
[53] Vgl. Paschen, M. et al. (2013), S. 159-160
[54] Vgl. Bühner, M. et al. (2018), S. 172
[55] Vgl. Bartell, S. (2016), S. 22
[56] Vgl. Thielseh, M. T. & Weltzin, S. (2013), S. 80-81

Mit der **Reliabilität** ist die Zuverlässigkeit von eignungsdiagnostischen Verfahren gemeint.[57] Die Resultate eines ACs sollten immer gleich bleiben, wenn sich äußere Einflüsse wie Teilnehmer und Situation nicht verändern.[58] Hinsichtlich der Reliabilität lassen sich u.a. die Interrater-Reliabilität[59] und die Retest-Reliabilität unterschieden.[60]

Die **Validität** meint die Gültigkeit des diagnostischen Verfahrens. Auch hier sind verschiedene Ausprägungen, wie u.a. die Inhaltvalidität und die Konstruktvalidität vorhanden.[61]

Da die **Validität** über die Genauigkeit informiert, mit dem das Auswahlverfahren oder die Auswahlinstrumente die Persönlichkeitseigenschaften oder die Fähigkeiten erfassen, die sie zu erfassen vorgeben, stellt sie sicherlich eine der entscheidendsten Rolle für die Personalauswahl dar.[62] Sollen die Verfahren den beruflichen Erfolg vorhersagen, sollte das Auswahlverfahren zudem über eine hohe **prognostische Validität** verfügen. Dies ist bspw. bei Berufseignungstests der Fall, da diese Tests eine gute Vorhersage für den beruflichen Erfolg einer Person treffen.[63]

Zu den Nebengütekriterien gehören u.a. die Akzeptanz und Ökonomie (Kosten, Nutzen, Dauer)[64] sowie Nützlichkeit und Fairness (keine systematische Benachteiligung bestimmter Personen).[65]

---

[57] Vgl. Himme, A. (2009), S. 485
[58] Vgl. Bartell, S. (2016), S. 22
[59] Vgl. Bachmann, A. (2009), S. 98
[60] Vgl. Himme, A. (2009), S. 487
[61] Vgl. Bartell, S. (2016), S. 22-23
[62] Vgl. Petersen, I. (2004), S. 94
[63] Vgl. Döring, N. & Bortz, J. (2016), S. 446
[64] Vgl. Beauducel, A. & Leue, A. (2014), S. 136
[65] Vgl. Steininger, T. (2020), S. 10

Aufgabe 3

Der folgende Abschnitt dieser Arbeit beschäftigt sich mit dem Begriff „Sensation Seeking". Zudem wird erläutert, was die sog. „Sensation Seeking Scale" misst und wie sich Person mit hohen Werten auf dieser Skala beschreiben lassen. Aufbauend auf der theoretischen Grundlage wird schließlich der praktische Nutzen des Konzepts diskutiert.

Erstmalig tauchte der Begriff **Sensation Seeking** bei dem US-amerikanischen Psychologen Marvin Zuckerman zu Beginn der 60er Jahre. Er selbst definiert das Konstrukt wie folgt: „Sensation Seeking is a trait defined by the need for varied, novel, and complex sensations and experiences and the willingness to take physical and social risks for the sake of such experience".[66]

Mit Sensation Seeking ist eine Basisdimension der Persönlichkeit, das das Suchen intensiver Erfahrungen umfasst, gemeint. Sensation Seeking lässt sich mit „Reizsuche" übersetzen und steht für die Tendenz einer Person, fortwährend neue andersartige und komplexe sowie intensive Eindrücke zu erhalten oder solch artige Erfahrungen zu machen.[67] Es handelt sich dabei um ein zeitlich stabiles Persönlichkeitsmerkmal, das mit der Bereitschaft einhergeht, hohe Risiken für das Erleben intensiver Erfahrungen in Kauf zu nehmen. Das ausgeführte Verhalten kann negativ behaftet und impulsiv sein, d.h. es kann in Zusammenhang mit Risikoverhalten wie Drogenkonsum, Alkoholmissbrauch oder Kriminalität stehen.[68]

Dem Sensation Seeking liegen sowohl biologische, genetische, psychophysiologische und soziale Faktoren zugrunde. Auch Alter und Geschlecht stehen in Verbindung zu diesem Persönlichkeitsmerkmal: So weisen z.B. junge männliche Personen höhere Ausprägungen dieses Merkmals auf.[69]

---

[66] Zuckerman, M. (1979), S. 10
[67] Vgl. Stemmler, G. et al. (2016), S. 352
[68] Vgl. Heck, R.-B. (2018), S. 36-37
[69] Vgl. Schoedel, R. et al. (2018), S. 232

Zuckerman, Eysenck und Eysenck (1978) entwickelten das gängigste Inventar zur Erfassung von Sensation Seeking: die Sensation Seeking-Skalen.[70] Sie besteht aus vier Subskalen, die sich aus jeweils 10 Items zusammensetzen.[71] Zur Messung liegen 4 Komponenten vor:[72]

- **Thrill and Adventure Seeking**: Freizeitaktivitäten, wie z.B. Fallschirm-Springen

- **Experience Seeking**: Aufsuchen neuer Erfahrungen und Offenheit für Neues wie z.B. beim Reisen oder neuen Lebensstilen

- **Disinhibition**: Stimulation durch Enthemmung, durch z.B. Drogenkonsum

- **Boredom Susceptibility**: Neigung, monotone Ereignisse und Aktivitäten zu vermeiden

Die Daten werden mittels eines Fragebogens, dem sog. NISS (Need Inventory of Sensation Seeking), erfasst. Im Rahmen von 17 Items misst der Fragebogen, wie angenehm verschiedene spezifische Situationen vom Probanden empfunden werden.[73]

Der Summenwert der Subskalen bildet eine Sensation Seeking Gesamtskala.[74]

Es lassen sich zwei extreme Arten von Sensation Seekern unterscheiden: die High Sensation Seeker (HSS) und Low Sensation Seeker (LS). Bei **Low Sensations Seekern** führen intensive Reize dazu, dass diese schnell überwältigt und überfordert sind. Sie reagieren mit innerer Unruhe und Angstzuständen.[75] Personen mit einem hohen Wert auf der Gesamtskala **werden High Sensation Seeker** (HSS) genannt. HSS reagieren auf starke Reize mit überwiegend positivem Affekt, d.h. sie zeigen keine Hemmreaktionen, sondern besitzen im Gegenteil ein starkes Bedürfnis nach diesen intensiven Reizen.[76] Sie empfinden die intensiven Reize als eine Art Belohnung.[77]

---

[70] Vgl. Beauducel , A. et al. (2003), S. 61
[71] Vgl. Stemmler, G. et al. (2016), S. 353
[72] Vgl. Schmithüsen, F. & Ferring, D. (2015), S. 78
[73] Vgl. Roth, M. & Hammelstein, P. (2012), S. 12
[74] Vgl. Beauducel , A. et al. (2003), S. 61
[75] Vgl. Frenkel, M. O. (2019), S. 106
[76] Vgl. Heck, B. (2018), S. 36-37
[77] Vgl. Frenkel, M. O. (2019), S. 106

HSS nehmen unübliche, komplexe und überraschende Situationen nicht als riskant, sondern als erfrischend wahr.[78]

Sie üben zudem häufiger Risikosportarten aus und zeigen ein riskantes Verhalten im Straßenverkehr.[79] Aufgrund ihrer riskanten Fahrweise ist es nicht verwunderlich, dass diese Personengruppe auch häufiger die Unfallursachen „erhöhte Geschwindigkeit" und „Alkoholkonsum" aufweisen.[80]

Dadurch dass sie zügig eine Gewöhnung erfahren, werden die ungewöhnlichen Reize schnell als „normal" angesehen. Aus diesem Grund präferieren HSS Situationen, in denen mehrere Ereignisse gleichzeitig stattfinden und mehrere Reize gleichzeitig erfahren werden. So ziehen sie bspw. Live-Events vor und schauen seltener Fern als Low Sensation Seeker.[81]

Mit Stress können HSS häufig besser umgehen[82] und sie haben keine Probleme damit, mehrere Dinge gleichzeitig zu tun oder zwischen verschiedenen Aufgaben zu wechseln.[83]

Das Konzept des Sensation Seeking bietet - wie auch andere Persönlichkeitskonzepte - die Möglichkeit, Verhaltensweisen von Personen vorherzusagen.[84]

Im Rahmen der Personalauswahl und des Personaleinsatzes ist die Persönlichkeitseigenschaft des Sensation Seekings für stressbezogenen Tätigkeiten, wie als Soldat oder Rettungskraft, relevant. Zum einen gibt die Ausgeprägtheit der Persönlichkeitseigenschaft Auskunft darüber, wie risikoreich sich eine Person in bestimmten Situationen verhält, aber auch wie gut sie bspw. mit verstörenden Situationen umgehen oder sich in neuen Situationen zurechtfinden können.[85]

Andererseits sind für andere Bereiche, die sehr viel Monotonie mit sich bringen und/oder Konzentration erfordern, eher nicht für HSS geeignet.

---

[78] Vgl. Kenneth, C. (2019), S. 52
[79] Vgl. Hammelstein, P. et al. (2006), S. 72
[80] Vgl. Limbourg, M. & Reiter, K. (2010), S. 214 -217
[81] Vgl. Kenneth, C. (2019), S. 53
[82] Vgl. Heck, B. (2018), S. 38
[83] Vgl. Kenneth, C. (2019), S. 54-55
[84] Vgl. Asendorpf, J. B. (2007), S. 36
[85] Vgl. Frenkel, M. O. (2019), S. 107 | Vgl. Kenneth, C. (2019), S. 55-56

Auch für den Präventionsbereich kann die Erfassung von Sensation Seeking hilfreich sein. So lassen sich Vorhersagen ermöglichen, inwiefern ein Risiko für einen übermäßigen Alkohol- oder Drogenkonsum bei einer Person besteht. Oder im Falle einer Behandlung: ob eine Rückfallquote aufgrund des Persönlichkeitsmerkmals größer ausfällt.

Wie schon in Aufgabe 1 dieser Einsendeaufgabe erwählt, ist es jedoch unerlässlich, neben dem Sensation Seeking auch weitere Persönlichkeitseigenschaften bei der Beurteilung und Auswahl von Personen hinzuzuziehen, um aussagekräftige Ergebnisse erzielen und gute Entscheidungen treffen zu können.

Literaturverzeichnis

Aronson, E., Wilson, T. D. & Akert, R. M. (2004): Sozialpsychologie. 4, aktualisierte Auflage. München: Perason.

Asendorpf, J. B. (2007): Psychologie der Persönlichkeit. 4., überarbeitete und aktualisierte Auflage. Heidelberg: Springer.

Bachmann, A. (2009): Subjektive versus objektive Erfolgsmaße. In S. Albers, D. Klapper, U. Konradt, A. Walter & J. Wolf (Hrsg.). Methodik der empirischen Forschung. 3., überarbeitete und erweiterte Auflage. Wiesbaden: Gabler. DOI: 10.1007/978-3-322-96406-9.

Bak, P. M. (2014): Werbe- und Konsumentenpsychologie: Eine Einführung. Stuttgart: Schäffer-Poeschel Verlag.

Bartell, S. (2016): Qualitätssicherung im Assessment-Center: Wissenschaftliche Betrachtung in Theorie und Praxis. Wiesbaden: Springer Gabler. DOI: 10.1007/978-3-658-15244-4.

Beauducel, A., Strobel, A. & Brocke, B. (2003): Psychometrische Eigenschaften und Normen einer deutschsprachigen Fassung der Sensation Seeking-Skalen, Form V. Diagnostica, 49 (2), S. 61-72. Göttingen: Hogrefe. DOI: 10.1026//0012-1924.49.2.61. © 2003 .

Beauducel, A. & Leue, A. (2014): Psychologische Diagnostik. Göttingen: Hogrefe.

Bierbauer, G. (2005): Sozialpsychologie. Grundriss der Psychologie. 2., vollständig überarbeitete und erweiterte Auflage. Stuttgart: Kohlhammer.

Blickle, G. (2019): Personalauswahl. In F. W. Nerdinger, G. Blickle & N. Schaper. Arbeits- und Organisationspsychologie. 4., vollständig überarbeitete Auflage. Berlin, Heidelberg: Springer. DOI: 10.1007/978-3-662-56666-4.

Bohlen, F. N. (2015): Das Bewerber-Auswahl-Gespräch: Wie Sie die richtigen Mitarbeiter finden. 2., überarbeitete Auflage. Wiesbaden: Springer Gabler. DOI: 10.1007/978-3-658-07834-8.

Bühner, M., Ziegler, M. & Kersting, M. (2018): Statistisch-methodische Grundlagen der Eignungsbeurteilung. In Diagnostik- und Testkuratorium (Hrsg.). Personalauswahl kompetent gestalten: Grundlagen und Praxis der Eignungsdiagnostik nach DIN 33430. Berlin, Heidelberg: Springer. DOI: 10.1007/978-3-662-53772-5.

Döring, N. & Bortz, J. (2016): Forschungsmethoden und Evaluation in den Sozial- und Humanwissenschaften. 5. vollständig überarbeitete, aktualisierte und erweiterte Auflage. Berlin, Heidelberg: Springer. DOI: 10.1007/978-3-642-41089-5.

Eck, C. D., Jöri, H. & Vogt, M. (2016): Assessment-Center: Entwicklung und Anwendung – mit 57 AC-Übungen und Checklisten. 3., überarbeitete und aktualisierte Auflage. Berlin, Heidelberg: Springer. DOI: 10.1007/978-3-662-47742-7.

Elbe, M. (2016): Sozialpsychologie der Organisation: Verhalten und Intervention in sozialen Systemen. Berlin, Heidelberg: Springer Gabler. DOI: 10.1007/978-3-662-50383-6.

Fellner, K. (2019): Moderne Personalauswahl: Renommierte Experten über Trends, neue Technologien, Chancen und Risiken in der Eignungsdiagnostik. Wiesbaden: Springer. DOI: 10.1007/978-3-658-25897-9.

Franczukowska, A. (2017): Arbeitsprobe und Situational-Judgment-Test. In D. E. Krause (Hrsg.): Personalauswahl. Die wichtigsten diagnostischen Verfahren für das Human Resources Management. Wiesbaden: Springer Gabler. DOI: 10.1007/978-3-658-14567-5.

Frenkel, M. O. (2019): Nerven wie Drahtseile – Zur Leistungsfähigkeit von Extremsportlern in Stresssituationen. In A. Beniermann & M. C. Bauer (Hrsg.). Nerven kitzeln: Wie Angst unsere Gedanken, Einstellungen und Entscheidungen prägt. Berlin, Heidelberg: Springer. DOI: 10.1007/978-3-662-59549-7.

Fritsche, I. (2018): Soziale Kognition. In O. Decker (Hrsg.). Sozialpsychologie und Sozialtheorie. Band 1: Zugänge. Wiesbaden: Springer VS. DOI: 10.1007/978-3-531-19564-3.

Garcia, T., Hoffmann, C. & Pfister, A. (2019): Psychologische Grundlagen für Führungskräfte. In E. Lippmann, A. Pfister & U. Jörg (Hrsg.). Handbuch Angewandte Psychologie für Führungskräfte: Führungskompetenz und Führungswissen. 5., vollständig überarbeitete Auflage. Berlin, Heidelberg: Springer. DOI: 10.1007/978-3-662-55810-2.

Hammelstein, P., Pohl, J., Reimann, S. & Roth, M. (2006): Persönlichkeitsmerkmale. In B. Renneberg &P. Hammelstein (Hrsg.). Gesundheitspsychologie. Berlin, Heidelberg: Springer.

Heck, R.-B. (2018): Selbstkontrolle und Sensation Seeking: Protektive Faktoren in Stresssituationen? Ruprecht-Karls-Universität Heidelberg.

Himme, A. (2009): Gütekriterien der Messung: Reliabilität, Validität und Generalisierbarkeit. In S. Albers, D. Klapper, U. Konradt, A. Walter & J. Wolf (Hrsg.). Methodik der empirischen Forschung. 3., überarbeitete und erweiterte Auflage. Wiesbaden: Gabler. DOI: 10.1007/978-3-322-96406-9.

Hossiep, R. & Weiß, S. (2017): Testverfahren II: Persönlichkeit und personenbezogene Attribute. In D. E. Krause (Hrsg.). Personalauswahl: Die wichtigsten diagnostischen Verfahren für das Human Resources Management. Wiesbaden: Springer Gabler. DOI: DOI 10.1007/978-3-658-14567-5.

Kanning, U. P. (2015): Personalauswahl zwischen Anspruch und Wirklichkeit: Eine wirtschaftspsychologische Analyse. Berlin, Heidelberg: Springer. DOI: 10.1007/978-3-662-45553-1.

Kauffeld, S. & Grohmann, A. (2014): Personalauswahl. In S. Kauffeld (Hrsg.). Arbeits-, Organisations- und Personalpsychologie für Bachelor. 2., überarbeitete Auflage. Berlin, Heidelberg: Springer. DOI: 10.1007/978-3-642-42065-8.

Kenneth, C. (2019): Buzz!: Inside the Minds of Thrill-Seekers, Daredevils, and Adrenaline Junkies. Cambridge: Cambridge University Press. DOI: 10.1017/9781108557252.

Kessler, T. & Fritsche, I. (2018): Sozialpsychologie. Wiesbaden: Springer. DOI: 10.1007/978-3-531-93436-5.

Kirdorf, J. (2019): Entscheidungen im Personalwesen: Das Entpersonalisieren einer (Personal-)Entscheidung. Wiesbaden: Springer. DOI: 10.1007/978-3-658-23000-5.

Kause, D. E. (2017): Assessment-Center. In D. E. Krause (Hrsg.): Personalauswahl. Die wichtigsten diagnostischen Verfahren für das Human Resources Management. Wiesbaden: Springer Gabler. DOI: 10.1007/978-3-658-14567-5.

Limbourg, M. & Reiter, K. (2010): Verkehrspsychologie: Verkehrspsychologische Gender-Forschung. In G. Steins (Hrsg.). Handbuch Psychologie und Geschlechterforschung. 1.Auflage. Wiesbaden: VS Verlag für Sozialwissenschaften.

Myers, D. G. (2014): Psychologie.3., vollständig überarbeitete und erweiterte Auflage. Berlin, Heidelberg: Springer. DOI: 10.1007/978-3-642-40782-6.

Obermann, C. (2018): Assessment Center: Entwicklung, Durchführung, Trends Mit neuen originalen AC-Übungen. 6., vollständig überarbeitete und erweiterte Ausgabe. Wiesbaden: Springer Gabler. DOI: 10.1007/978-3-658-18716-3.

Orth, H & Koch, A. (2017): Studienbrief Sozialpsychologie. 3. Auflage. Studienbrief der SRH Fernhochschule. Riedlingen.

Parkinson, B. (2014): Soziale Wahrnehmung und Attribution. In K. Jonas, W. Stroebe & M. Hewstone (Hrsg.): Sozialpsychologie. 6., vollständig überarbeitete Auflage. Berlin, Heidelberg: Springer Berlin Heidelberg.

Paschen, M., Beenen, A., Turck, D. & Stöwe, C. (2013): Assessment Center professionell: Worauf es ankommt und wie Sie vorgehen. 3., überarbeitete und erweiterte Auflage. Göttingen: Hogrefe.

Petersen, I. (2004): Beurteilung eines Personalauswahlverfahrens unter besonderer Berücksichtigung der prognostischen Validität. Kiel.

Roth, M. & Hammelstein, P. (2012): The Need Inventory of Sensation Seeking (NISS). European Journal of Psychological Assessment, 28(1), S. 11-18. DOI: 10.1027/1015-5759/a000085. Hogrefe Publishing.

Schlotter, L. & Hubert, P. (2020): Generation Z – Personalmanagement und Führung: 21 Tools für Entscheider. Wiesbaden: Springer Gabler. DOI: 10.1007/978-3-658-31250-3.

Schmithüsen, F. & Ferring, D. (2015): Allgemeine Psychologie. In F. Schmithüsen (Hrsg.). Lernskript Psychologie. Die Grundlagenfächer kompakt. Berlin, Heidelberg: Springer. DOI: 10.1007/978-3-662-44941-7.

Schnell, R. (2019): Survey-Interviews. Methoden standardisierter Befragungen. 2. Auflage. Wiesbaden: Springer VS. DOI: 10.1007/978-3-531-19901-6.

Schoedel, R., Au, Q., Völkel, S. T., Lehmann, F., Becker, D., Bühner, M., Bischl, B. , Hussmann, H. & Stachl, C. (2018): Digital Footprints of Sensation Seeking: A Traditional Concept in the Big Data Era. Zeitschrift für Psychologie, 226 (4), S. 232-245. Hogrefe Publishing. DOI: 10.1027/2151-2604/a000342.

Steininger, T. (2020): Der Einsatz psychologischer Testverfahren in Unternehmen: Ein Leitfaden für Anwender und solche, die es werden wollen. Wiesbaden: Springer. DOI: 10.1007/978-3-658-28462-6.

Stemmler, G. & Hagemann, D. Amelang, M. & Spinath, F. (2016): Differentielle Psychologie und Persönlichkeitsforschung. 8., überarbeitete Auflage. Stuttgart: Kohlhammer.

Stiensmeier-Pelster, J. & Heckhausen, H. (2018): Kausalattribution von Verhalten und Leistung. In J. Heckhausen & H. Heckhausen (Hrsg.). Motivation und Handeln. 5., überarbeitete und erweiterte Auflage. Berlin: Springer. DOI: 10.1007/978-3-662-53927-9.

Stracke, F. (2015): Menschen verstehen – Potenziale erkennen. Die Systematik professioneller Bewerberauswahl und Mitarbeiterbeurteilung. 4., durchgesehene Auflage. Wiesbaden: Springer Fachmedien. DOI: 10.1007/978-3-658-07938-3.

Thielseh, M. T. & Weltzin, S. (2013): Online-Mitarbeiterbefragungen. In M. E. Domsch & D. Ladwig. (Hrsg.). Handbuch Mitarbeiterbefragung. 3., aktualisierte und überarbeitete Auflage. Berlin, Heidelberg: Springer Gabler. DOI: 10.1007/978-3-642-35295-9.

von der Assen, C. (2016): Crash-Kurs Psychologie. Semester 1. Berlin, Heidelberg: Springer. DOI: 10.1007/978-3-662-43359-1.

Werth, L. & Mayer, J. (2008): Sozialpsychologie. Heidelberg: Spektrum Akademischer Verlag.

Werth, L., Seibt, B. & Mayer, J. (2020a): Sozialpsychologie – Der Mensch in sozialen Beziehungen. Interpersonale und Intergruppenprozesse. 2., vollständig überarbeitete und erweiterte Auflage. Berlin, Heidelberg: Springer. DOI: 10.1007/978-3-662-53899-9.

Werth, L., Denzler, M. & Mayer, J. (2020b): Sozialpsychologie - Das Individuum im sozialen Kontext: Wahrnehmen - Denken - Fühlen. 2., vollständig überarbeitete Auflage. Berlin, Heideberg: Springer. DOI: 10.1007/978-3-662-53897-5.

Zuckerman, M. (1979): Sensation seeking: beyond the optimal level of arousal. Hillsdale, NJ: New York: L. Erlbaum Associates.